Heinz D. Rasch

Graffiti
an der Limmat in
Zürich

Impressum:

Copyright © 2014 Heinz D. Rasch

Verlag: Bacarasoft
Bad Harzburg, bacarasoft.de
ISBN: 978-3-945222-09-6

Die Deutsche Nationalbibliothek verzeichnet diese Publikation in der Deutschen Nationalbibliografie; detaillierte bibliografische Daten sind im Internet über http://dnb.ddb.de abrufbar.

DIAMONDS
& PEARLS
LIGHTS
CAMERA
ACTION
REAL KING
OF EVERYTHING
I DON'T STOP
ALL DAY
BETTER
BITE ME
YOU & ME
ALWAYS ON
TIME
ALL NIGHT
LONG
OH MY
GOD
FUCK ME
2 MY PEOPLE

www.ingramcontent.com/pod-product-compliance
Lightning Source LLC
Chambersburg PA
CBHW041223270326
41933CB00001B/23

* 9 7 8 3 9 4 5 2 2 2 0 9 6 *